Roland Schneidereit

Das Böse ist das Gute darin

Roland Schneidereit

Das Böse ist das Gute darin

Aphorismen, Gedanken und Fragen

EDITION
Noack
Block

ISBN 978-3-86813-061-4

Herstellung durch Edition Noack & Block
in der Frank & Timme GmbH,
Wittelsbacherstraße 27a, 10707 Berlin.
Gedruckt auf säurefreiem, alterungsbeständigem Papier.

www.noack-block.de

„Du bist anderer Meinung als ich und ich werde Dein Recht dazu bis in den Tod verteidigen."

Voltaire

Inhalt

Demokratie und Freiheit

Demokratie heißt, jedermanns Sklave sein zu dürfen.
Karl Kraus

Die Demokratie ist die einzige Gesellschaftsform, die von sich selbst glaubt, sie käme ohne Gewalt gegenüber ihren Bürgern aus.

*

Kabarettisten sind die Hofnarren der Demokratie.

*

Ist die Demokratie nur deswegen gut, weil das Volk alle vier Jahre an die Urnen eilt?

*

In der Demokratie und in der Diktatur gehen die Menschen wählen. Wie viele Gemeinsamkeiten gibt es noch?

*

In der Diktatur kann der Mensch den Polizeiknüppel nicht wählen, der ihn unterdrückt. Ganz anders in der Demokratie.

*

Tod, Unterdrückung und Verfolgung sind Inbegriffe für eine Diktatur. Aber warum gibt es in der Demokratie Ängste?

*

Demokratie ist die Freiheit der Reichen, dem Volke die Freiheit zu nehmen, die es vermeintlich gewählt hat.

*

Die Freiheit ist wie ein Auto, das auf leeren Straßen, ohne Abgase, in wunderschönen Landschaften dahinfährt. Das erinnert Sie an Werbung? Mitnichten.

*

Die Freiheit. Ein Wort, dessen zügelloser Gebrauch Bedenken aufwirft. Wie weit ist es da bis zur Prostitution?

*

Ach, welche Freiheit haben die Kinder in Afrika. Sie können sich entscheiden zwischen Hunger und Seuchen. Das Ergebnis heißt in jedem einzelnen Fall: Tod. Wie unendlich kompliziert dagegen ist unser Leben in Europa?

*

„Seid still! Hört Ihr die Freiheit nicht?"
„Jawoll, wir haben die Freiheit zu hören!"

*

Meinungsfreiheit hört bei den Verbrechen, die der israelische Staat seit seiner Gründung begangen hat, auf. Lesen Sie den Juden Ilan Pappe. Natürlich ist das nur eine Einzelmeinung. Ein Nestbeschmutzer, sozusagen.

*

100 ans de Liberté. 1910–2010

(Plakatwerbung Gaulois)

Irgendwie hatte ich schon immer das Gefühl: Freiheit stinkt.

*

Freiheit ist keine Frage des Standpunktes, sondern des Portmonees.

*

Beim Eigentum hört die Freiheit auf, da können der deutsche Staat und seine Einwohner komisch werden.

*

Zäune und Mauern um unser Privateigentum zeigen uns wie frei wir sind.

*

In der Demokratie ist es nicht vorgesehen, dass der Bürger seine Stimme erheben darf. Schließlich hat er diese in eine Urne geworfen. Eine Urne! Als Alternative darf er Bürgerinitiativen gründen und mit diesen jahrelang im Kreisverkehr fahren.

*

Die Diskussion ist die höchste Form der Streitkultur in einer Demokratie. Sie gewährleistet, dass nur geredet, aber nicht gehandelt wird. Also bleibt alles beim Alten. Reich bleibt reich und arm bleibt arm.

*

Die Demokratie ist dafür bekannt, jeden gesellschaftlichen Wandel in endlosen Kompromissen, in endlosen Zeitschleifen zu zerreden. Eine spezielle Form der Dialektik. Wenn Hegel das noch erlebt hätte.

*

Die Freiheit des Einzelnen hört beim Suizid auf. Wann gestorben wird, das hat nicht der Inhaber des eigenen Lebens zu entscheiden. Das wiederum sprengt den

Rahmen einer Gesellschaft, die mit Demokratie und Freiheit wirbt, deren autoritäre Grundsätze dahinter verborgen bleiben sollen. Trotzdem scheuen sich mehr als zehntausend Menschen im Jahr nicht davor, ihrem Staat auf diese Weise, manchmal ohne es zu wollen, auf Wiedersehen zu sagen. Hier finden wir den Übergang von der Freiheit in die Hilflosigkeit.

*

Demokratie beginnt mit Ehrlichkeit. Da war sie bereits tot. Und wir reden hier nicht über den ersten Tag nach der Wahl.

*

Die gnadenlose Ausbeutung des Menschen findet im Kapitalismus statt. Nicht in der Demokratie.

*

Mit der Angst beginnt die Dressur des Kleinbürgers. Egal, in welchen Gesellschaftssystem sie leben. In der Diktatur ein normaler Vorgang. In der Demokratie ein … Vorgang. (Welches Wort Sie an dieser Stelle einsetzen überlasse ich Ihnen.)

*

Freiheit bedeutet, frei von Ängsten zu sein.

*

Der Kapitalismus, der tut niemanden etwas. Der will nur spielen und auf seine Kosten kommen. Und zwar auf Ihre und meine.

*

Die Würde des Profits ist unantastbar.

*

Die europäische Sprachlosigkeit dauert nun seit Jahrhunderten an. In der Zeit der Aufklärung war für kurze Zeit ein Stimmchen der Vernunft zu vernehmen. Schweigen kann ja etwas Schönes sein, bis es tödlich endet.

*

Leben wir in der Neuzeit oder eher in einem nie enden wollenden Mittelalter? Die Aufklärung steht erst am Anfang.

*

Herrschende und Politik

Die Gewerkschaften sind die Rächer der Enterbten, Witwen und Waisen. Oder doch nur ein Feigenblatt der Demokratie und Interessenvertreter in eigener Sache?

Jedenfalls kämpfen sie, nach Plan, alle Jahre wieder gegen die Rente mit 67. Wobei kämpfen wohl das falsche Wort ist. Wann kämpft in Deutschland eine Gewerkschaft für ihre Mitglieder?

*

Die Bundestagswahl besitzt viele Gemeinsamkeiten mit dem staatlichen Lotto. Mit einem kleinen Unterschied. Beim Lotto gibt es eine Gewinnchance.

*

Ein Land, das den Datenschutz in den Himmel hebt, bis niemand mehr an ihn herankommt, da ist doch etwas faul. Oder?

*

Die Demokraten dieser Welt, die Putins, Merkels, Sarkozys, Berlusconis, Obamas, Trumps, Clintons, Erdoğans, die Aufzählung würde Wochen dauern, alle zu benennen, sie haben Angst vor dem eigenen Volk. Was sie dem Volk zugestehen, alle paar Jahre wieder, eine Wahl. Eine Wahl aus Lügen und Versprechen. Versprechen ist nicht gleich Versprechen. Und selbst da trauen sie ihrem eigenen Volk nicht über den Weg und bespitzeln es in bester Staatsicherheitsmanier. Vom Feind lernen, heißt siegen lernen.

Das Volk hingegen muss sich darüber nicht wundern oder aufregen. Das ist unehrlich den Demokraten gegenüber. Es gibt immer einen, der lügt, und einen der belogen werden will. Eine wunderbare Symbiose.

*

Die Demokraten dieser Welt haben in den vergangenen Jahren die Demokratie nur unterschiedlich interpretiert. Schade, das Volk ist zu untalentiert, diese Interpretationen der Demokraten zu verstehen. Deshalb müssen wir die Demokraten vor dem Volk schützen.

*

Ein demokratisch aufgestellter Staat, eine demokratisch aufgestellte Gesellschaft. Wie verträgt sich das mit den kapitalistischen Produktionsmethoden? Ausbeutung des Menschen durch den Menschen? Ach nein, so etwas gibt es bei uns nicht. Wir haben ja schließlich den Mindestlohn.

*

Warum sprechen Politiker immer über die Minderheit der Faulpelze in Deutschland? Von denen übrigens niemand weiß, wie viele es sind. Warum spricht niemand über die Millionen Menschen, die dieses Land täglich aufbauen. Hat da etwa jemand Angst, es könnten Ansprüche auf ihn zukommen?

*

Warum fordert die Politik die immer schärferen Kontrollen der Vermögen von Hartz IV-Empfängern? Warum wird keine Vermögenssteuer für Reiche eingeführt? Wo bleibt da das garantierte Grundrecht im Artikel 3 (1) Grundgesetz? Warum wird der Artikel 106 im Grundgesetz nicht abgeschafft?

*

Früher sprach mein großer Bruder Iwan Russisch. Das war opportun. Seit einigen Jahren spricht mein großer Bruder Sam Englisch. Das ist opportun. Was für eine Sprache spreche ich?

*

Nicht jeder Bürger, der seinen Staat kritisiert, ist auch dessen Feind. Die auf falschem Stolz basierende Eitelkeit der Politiker verhindert ein objektives Urteil. Dazu kommt eine kräftige Portion Paranoia.

*

Italienische Politiker unterscheiden sich von ihren deutschen Kollegen in einem einzigen Detail; Sie tragen die besser geschnittenen Anzüge.

*

Ein weiterer Vorteil den der italienische Politiker sein Eigen nennen kann: Sein Geschwafel in Italienisch klingt wie Musik, seine Gesten sind so herzerfrischend und dabei weiß jeder, er meint es nicht so. Das macht den italienischen Politiker so sympathisch.

*

Schreibtischtäter überleben alle gesellschaftlichen Umbrüche. Ihre Hände werden nie vom Blute ihrer Opfer rot gefärbt sein.

*

Wann wird die Geduld, in Sachen deutsches Grundgesetz bei den Politikern ein Ende haben? Oder schaffen sie zuerst das Verfassungsgericht ab? Entscheidungen der obersten Richter werden regelmäßig von diesen juristischen Laien kritisiert. Aber die Herren tragen ja auch rote Roben. Allein das ist schon verdächtig.

*

Politiker kürzen gern im Bereich der Kultur. Wenn das mal nicht die Brandbeschleuniger für zukünftige Scheiterhaufen sind.

*

Wenn ich durch diese Land gehe, bemächtigt sich immer ein gewisser Gestank meiner Nase. Es riecht allerorten nach Zwergen. In Berlin ist es besonders schlimm. Atmen unerwünscht!

*

Warum sind die Abgeordneten des deutschen Bundestages allein ihrem Gewissen verpflichtet? Was ist, wenn ein Politiker kein Gewissen hat? Wessen ist der Politiker dann verpflichtet? Und was ist mit dem Wähler? Warum jemanden wählen, der nicht meine Interessen, sondern die seines Gewissens vertritt?

*

Die Mächtigen sind immer der Meinung sie hätten Recht. Aber hat der Mensch Recht, nur weil er Macht hat? Ja! Die Geschichte ist der Beweis.

*

Volksbegehren gefährden das Demokratieverständnis der Reichen und Schönen.

*

Gibt es einen Gesellschaftsentwurf der nicht menschenverachtend ist? Ja, Utopia! Das sagt alles.

*

Ist es die Aufgabe des Staates sozial zu sein? Er hat die Aufgabe, für die Menschen da zu sein. Also doch sozial? Oder wem soll er dienen, wenn nicht den Menschen?

*

Politiker sollten statt Diäten Gagen erhalten. Dann würden sie natürlich viel weniger verdienen. Nur gute Schauspieler sind ihr Geld wert.

*

In Deutschland beklagen sich besorgte Politiker über das ungarische Mediengesetz. Die Cicero- und die Spiegelaffäre hat es nie gegeben und ein Nikolaus Bender hat nie beim ZDF gearbeitet.

*

Political Correctness und Gender

Wir leben in einer Mediendiktatur. Diese Mediendiktatur manipuliert alles und jeden. Und das es so ist, haben wir der Dummheit der Menschen zu verdanken, die das nicht wahrhaben wollen und trotzdem unkritisch alles konsumieren, was ihnen vorgesetzt wird. Schutz bietet nur die Taste am Empfangsgerät, die den Stromzufluss unterbricht. Noch. Jedenfalls zahle ich seit einer Weile keine Fernsehgebühren, sondern Müllgebühren. Hier sollte ich Selbstkritik üben: Vielleicht sind meine Ansprüche zu hoch oder das Fernsehprogramm ist zu intellektuell für mich.

*

Wir leben nicht in einer Mediendemokratie. Wir leben längst in einer Mediendiktatur. Diese ist gekennzeichnet durch skrupellose, gewinnorientierte Medienunternehmen und ein völlig verblödetes Publikum, das nicht mehr hinterfragt, was ihm da vorgesetzt oder nicht vorgesetzt wird.

*

Political Correctness ist eine sehr sympathische Form der Meinungszensur.

*

Die Pressefreiheit entscheidet sich in den Anzeigenredaktionen der Zeitungen und Fernsehsender.

*

Die Würde des Menschen ist in Deutschland unantastbar. Deswegen gibt es auch keine Bordelle, niedrige Löhne, Benachteiligungen von Behinderten, Alten, Kranken, Kindern und Frauen. Wer sich von den aufgezählten Dingen fern hält, dem bleibt seine Würde garantiert erhalten.

*

An der Arbeit hängt die Existenz der Menschen. Wie schön, dass es die Erfindung der Arbeitslosigkeit gibt. Mit ihr lassen sich ganze Völker disziplinieren. Gab es deswegen im Sozialismus Straflager für Menschen, die nicht arbeiten wollten? Hier zeigt sich die moralisch höhere Entwicklungsstufe des Kapitalismus. Niemand wird in seiner Würde verletzt oder seiner Freiheit beraubt, wenn er keine Arbeit hat oder von dieser nicht leben kann.

*

Der Feminismus endet beim Suffix „-innen“ und bei den Doppelnamen.

*

Eine Gleichberechtigung zwischen Mann und Frau kann es nie geben. Dazwischen steht die Plazenta.

*

Eine Frau verliert mit zunehmendem Alter betriebswirtschaftlich an Wert. Das Sein bestimmt das Bewusstsein. (Karl Marx) Wie soll sich ein Zyniker dagegen wehren?

*

Auch Feministinnen sind käuflich. Da sind sie alten Herren zum Verwechseln ähnlich.

*

Im Bordell endet das deutsche Reinheitsgebot. Das mag auf den ersten Blick frauenfeindlich sein. Es soll ja Männer geben, denen selbst die Flatrate in solchen Häusern noch zu teuer ist.

*

Wenn alle Frauen einig wären, dann wäre das Patriachat tot. Wenn da nicht dieser Konjunktiv wäre.

*

Die Frauenquote zeigt die Unfähigkeit der Politiker, gesellschaftliche Probleme zu lösen.

*

Wo beginnt die Meinungsfreiheit und wo endet sie?

Der Duden ist das Buch der Deutschen! Und er sagt uns, was wir zu denken haben. Das finde ich prima, wie zum Beispiel bei dem politisch unkorrekten Wort *Neger*. In der 24. Auflage können Sie lesen: **Neger, der; -s, -(lat.) (wird häufig als diskriminierend empfunden; s. Kasten); Negerin.**

Neger ist ein Wort, das diskriminierend ist. Da das Wort Negerin durch ein Semikolon abgetrennt ist, gelten da wahrscheinlich noch andere Maßstäbe. Das ist aber nur eine Vermutung. Aber für alle Dummen wird dies noch einmal ausführlich in einen extra Kasten erläutert, damit wir wissen, was die Dudenredaktion damit meint.

> Neger
>
> **Viele Menschen empfinden *Neger, Negerin* (also doch nur ein Komma) heute als diskriminierend. Alternative Bezeichnungen sind *Schwarzafrikaner, Schwarzafrikanerin, Afroamerikaner, Afroamerikanerin, Afrodeutscher, Afrodeutsche*; in bestimmten Kontakten auch *Schwarzer, Schwarze*. Vermieden werden sollten auch Zusammensetzungen mit *Neger* wie Negerkuss, stattdessen verwendet man besser *Schokokuss*.**

Diese Äußerungen stellen mich vor folgende Probleme:

1. Wir können froh sein, dass Alice Schwarzer nicht Neger heißt. Obwohl Schwarzer nicht korrekt ist, richtig müsst es lauten Alice Schwarzer bzw. Schwarzerin. Wobei dann jeder denken könnte, Alice wäre eine Afrodeutsche.

2. Wer traut sich, in diesem Land einen Menschen mit dunkler Hautfarbe als Afrodeutschen anzusprechen? Nehmen wir mal als Beispiel einen Kameruner. Falsches Beispiel. Mist! Das ist ja ein Krapfengebäck. Auf alle Fälle muss dieses Gebäck umbenannt werden! So wie einst der Negerkuss. Afrokuss?

3. Ist das dann genauso diskriminierend wie Negerkuss? Und ist mit der Umbenennung jetzt auch das Problem der Ausländerfeindlichkeit in Deutschland vom Tisch? Oder wollten wir nur ein Zeichen setzen, was keinen interessiert? Und was passiert, wenn die Ersatzwörter für Neger eines Tages in Verruf geraten? Wie nennen wir dann die Menschen, die aus Schwarzafrika zu uns kommen?

*

Warum am Jahresende für wohltätige Organisationen spenden? Wegen des eigenen Gewissens? Ihr Geschäftsmodell basiert auf der Förderung von Elend, nicht auf Beseitigung der Wurzeln dieses Elends. Damit würden sie ihr Geschäftsmodell zerstören. Darauf hat doch eigentlich die Kirche das Patent.

*

Ich liebe den Kapitalismus. Er ist zwar genauso menschenfeindlich wie der untergegangene Sozialismus, jedoch ist er bunt verpackt und riecht gut.

*

Jeden Abend begebe ich mich freiwillig in das Gefängnis. Ich schalte den Fernseher ein.

*

Lesen Sie Bild? Nein, ist mir zu intellektuell.

*

„Bild dir deine Meinung." Schade, dass so wenige Menschen eine eigene Meinung vertreten.

*

Wer die Macht hat, hat die Meinung. Wer die Meinung hat, hat die Moral.

*

Die privaten Fernsehsender haben in den achtziger Jahren des 20. Jahrhundert schwach angefangen und stark nachgelassen. Dafür gebühren ihnen Anerkennung und jede Menge Preise. Preise, die sie sich selber ausloben und auf schmierigen Galas selbst überreichen. Und die öffentlich-rechtlichen Rundfunkanstalten wollten da nicht abseits stehen und eilen der privaten Konkurrenz hinterher.

*

Die Medien treiben bestimmte Themen vor sich her wie der Bauer die Sau durch das Dorf. Warum sie das tun? Fragen Sie mal die unpolitischen Eigentümer dieser Medien.

*

Ist die Kunst am Ende? Ja, mitnichten!

*

Das Schlimmste, was einem Radiomoderator passieren kann: Er ist nicht zu sehen. Der Zuhörer ist jedoch dankbar. Reicht ihm doch der akustische Müll, der jeden Tag sein Ohr kitzelt.

*

„Man sollte im Sternenbanner die weißen Streifen der Flagge schwarz färben und die Sterne durch Totenschädel ersetzen!“

Mark Twain

*

In den USA sterben jedes Jahr mehr als 30.000 Menschen an Schussverletzungen. Ja und? Wenn es doch in der Verfassung steht.

*

Ist der 45. Präsident der USA die Verkörperung der amerikanischen Gesellschaft? Natürlich!

*

Kann die beste Demokratie der Welt, das Land der unbegrenzten Möglichkeiten, der Bringer allen Friedens und Wohlstands auf der Welt der Vorhof der Hölle sein?

*

Wenn Demokratien mit Atombomben drohen, mit was drohen dann Diktatoren im 21. Jahrhundert?

*

Die USA halten unendlich viel Demokratie aus. Nur keine Kritik. Da haben sie viel mit den kommunistischen Regimen gemeinsam.

*

Wer möchte schon gern amerikanischer Staatsbürger sein? Sie wissen, wie ein Gewehr funktioniert, aber dass die Welt rund ist, darin besteht für Amerikaner die eigentliche Herausforderung.

*

Ich liebe Amerika! Kultur ist mir auch viel auch zu anstrengend.

*

Glauben, Gott und Kirche

„Glauben heißt nicht wissen."

Wilhelm Weitling

*

Wenn die Kirche wüsste, was sie glaubt, ja dann …

*

Wir müssen lernen uns die Welt ohne Gott vorzustellen. Dafür benötigen die Menschen aber mehr Selbstvertrauen.

*

Der Papst hat dem Gebrauch von Kondomen zugestimmt. Endlich! Welch Fürsorge für die eigene Belegschaft, müssen sie beim Missbrauch von Kindern keine Spuren mehr hinterlassen.

*

Einfalt. Also ein Falt. Rationaler geht es nicht, um ans Ziel zu kommen.

*

Was für ein Bogen, der sich spannt; von Pius II. bis Pius XII.

*

Es ist schon erstaunlich, wie viele Frauen in die Kirche gehen oder deren Mitglied sind. Scheinbar haben sie weder die Bibel gelesen, noch haben sie jemals die Politik der Kirche verstanden.

*

Menschen, die von der Kirche geächtet wurden und werden, sind mir sympathisch.

*

Es gibt einen Gott, der drei Religionen geschaffen hat. Was hat Gott dabei gedacht? Oder waren es etwa doch Menschen?

*

Blasphemie gibt es nicht, denn dazu müsste es einen Grund geben. Und Gott kann dieser Grund nicht sein. Dazu müsste es Gott geben. Oder? Beweisen Sie mir das Gegenteil. Aber bitte mit empirischen Methoden.

*

Die christliche Nächstenliebe endet immer einen Schritt vor dem Schafott, den Gaskammern oder den Frauen.

*

Warum hat der Papst ein Geschlechtsteil? Wozu braucht er es? Fragen wir einen Urologen.

*

Der Weihrauch entrückt den Priestern die Kindergesichter. Das ist sehr ärgerlich.

*

Während der Schöpfung hat Gott einen Fehler gemacht. Dieser läuft auf zwei Beinen. Aber wer ist schon perfekt?

*

Warum trinken Priester so gerne Wein? Weil er geschwefelt ist.

*

Es gibt einen feinen Unterschied zwischen Glauben und Kirche. Der eine ist ideell und die andere kommerziell.

*

Warum hat Gott seinen Sohn Jesus am Kreuz sterben lassen? Warum ist Gott nicht für seinen Sohn und die Menschheit gestorben?

*

Niemand ist menschenverachtender als Gott. Drei Religionen beten ihn an. Er lässt den Unfrieden zwischen den Religionen zu. Warum?

*

Was meint die Kirche mit dem Begriff Hölle? Für den größten Teil der Menschen war und ist das Leben auf der Erde die Hölle. Armut, Seuchen, Hunger, Arbeitslosigkeit, geringe Löhne bis hin zum Verkauf des eigenen Lebens.

*

Die Kirche besitzt zwei der genialsten Geschäftsmodelle aller Zeiten. 1. Ein Wohltäter, der auf der Erde alles lenkt. Der aber zu seinen Handlungen und Motiven nie befragt werden kann. 2. Die Barmherzigkeit. Diese setzt Armut und Not voraus. Gäbe es keine Armut und Not mehr unter den Menschen, was wird dann aus der Barmherzigkeit?

*

Der beste Freund der Kirche, der Kapitalismus, hat ihr das Allerheiligste genommen. Das Weihnachtsfest. Es leben die Konsumfestspiele. Vielen Dank, Coca Cola!

*

Die Bergpredigt ist das Feigenblatt der Bibel.

*

Sind die Dinosaurier ausgestorben, weil sie keine Christen waren?

*

Alte Männer sind weder pädophil noch homosexuell! Sie verbergen ihre Sexualität unter geweihten Tischdecken, die sie über roten, geweihten Gewändern tragen und deren Rot sie daran erinnert, dass sie von der Menstruation verschont geblieben sind. Glück gehabt!

*

Das Mittelalter wohnt in einem eigenen Bezirk, in der Stadt Rom. Was für eine Wohnlage …

*

Als die deutschen Bischöfe gemeinsam bei Hitler vorsprachen und gegen die Judenverfolgung protestierten, war das eine Sternstunde der Menschheit. Leider ist der Tag, an dem dies geschehen ist, in den Geschichtsbüchern vergessen worden. Warum eigentlich?

*

Gott erschuf den Menschen nach seinem Ebenbild. Besitzt Gott damit eine Sexualität? Und wenn ja, mit wem lebt er sie aus?

*

Atheisten kennen keine Sünde. Was für ein jämmerliches Leben müssen sie führen. Ohne Sünde keine Gewissensbisse, keine Ängste, keine schlaflosen Nächte …

Daraus folgend: keine Unterwürfigkeit, keine Hörigkeit, keine Zwänge …

*

Die Zeugen Jehovas warten auf das Armageddon. Da werden sie wohl eine ganze Weile warten müssen. Der Weltuntergang, oft vorhergesagt, hat's nicht eilig. Die Zeugen sollten lieber arbeiten gehen. Mit wirtschaftlicher Tätigkeit (Umweltverschmutzung, Abholzen von Regenwäldern, ungehemmter Verbrauch von Ressourcen) rückt das Ziel in erreichbare Nähe. In Sachen Umweltschutz hört man nie etwas von den Zeugen.

*

Gab es in der Antike (Polytheismus) Religionskriege?

*

Warum sind die Menschen so feige und stehen nicht dazu, dass sie ihre Nachbarn wegen deren Reichtümer überfallen. Warum müssen sie immer die Religion vorschieben?

*

Adam spendierte Gott eine Rippe. Der formte Eva daraus. Dann tauschten Adam und Eva Zärtlichkeiten aus. Daraus entstanden diverse Kinder. Handelt es sich dabei um Inzucht oder um eine spezielle Form von Homosexualität? (Für alle Feministinnen und Feministen sei hier kurz bemerkt, dass der Name Adam aufgrund des ersten Buchstabens im Alphabet vor Eva genannt wird.)

*

Nur der sollte Papst werden, der selbst mittels unbefleckter Empfängnis gezeugt worden ist. Der Stellvertreter Gottes sollte wenigstens die Mindestqualitätsstandards an die ihm übertragene Aufgabe erfüllen. Controller aller Welt, vereinigt euch!

*

Wer behauptet, die katholische Kirche würde sich der Aufklärung verweigern, der irrt. Seit Jahrhunderten erklärt sie kleinen Kindern auf der Welt, was es mit der Sexualität großer Männer auf sich hat.

*

Der Glaube an Gott offenbart uns, wie wenige Menschen ihren eigenen Fähigkeiten und Talenten vertrauen. Er gibt uns die Möglichkeit, Fehler und Unzulänglichkeiten eben jenem Gott anzuhängen, ohne dass wir selbst eine Schuld fühlen. Im Grund genommen bremst der Glaube die Menschen in der freien Entfaltung ihrer Möglichkeiten aus.

*

Es gibt Pädophile und katholische Priester. Spätestens wenn es um das Strafmaß geht, ist der kleine Unterschied entscheidend.

*

„Die Absicht, dass der Mensch glücklich sei, ist im Plan der Schöpfung nicht enthalten."

Sigmund Freud

Der Glaube an Gott ist die verzweifelte Nichtakzeptanz des Menschen, dass mit dem Tod alles endet. So ist das Leben.

*

Ich weiß sehr wenig von dieser Welt. Das ist aber kein Grund zu glauben.

*

Menschliches

„Wenn die Sonne der Kultur niedrig steht, werfen selbst Zwerge lange Schatten."

Karl Kraus

*

Die Irrationalität des Menschen ist das einzig Rationale an ihm.

*

Sowohl die Demokratie in ihrer heutigen Form als auch die Diktatur sind untauglich, weil Menschen mit diesen von ihnen erdachten Systemen nicht umgehen können. Sie scheitern regelmäßig und kläglich an ihren eigenen Ansprüchen und an der Eigentumsfrage.

*

Sag mir, wer deine Freunde sind, und ich sage dir, ob du ein Demokrat bist.

*

In der Diktatur darf der Mensch nichts sagen. In der Demokratie alles denken.

*

1989 vertauschten die Bürger der DDR die Titanic, auf der sie all die Jahre mehr schlecht als recht fuhren, mit der Andrea Doria. Das lag sicherlich am Nebel in den Köpfen.

*

Im Februar, in Cottbus, habe ich eine Demonstration der Nazis in meinem Wohngebiet vorbeilatschen sehen. Ja, vorbeilatschen! Was für ein erbärmlicher Haufen. Kein Schmiss, keine Haltung, kein Gleichschritt, keine Ordnung. Nichts zu sehen von den so hoch gelobten deutschen Tugenden. Der Selbstmord von Adolf Hitler rückte bei mir, bei diesem Anblick, in ein vollkommen neues Licht. Er muss die Zukunft vorausgeahnt haben. Gutes Personal zu finden, war zu allen Zeiten schwierig.

PS Haben Sie schon einmal beobachtet: Menschen mit schlaffer Haltung geben bei ihrem Tod wenig Geist auf. Dies führt natürlich zu der positiv zu bewertenden Situation, dass es sich mit wenig Geist leichter sterben lässt. Darin könnte wiederum eine gewisse Genialität liegen.

*

Orden verursachen moralische Haltungsschäden.

*

Unsere Werte sind abgeleitet aus der christlich-abendländischen Kultur. Na dann, Gute Nacht! In diesem Zusammenhang: Wussten Sie, dass Karl der Große (747/48–814) in fast jedem seiner Regierungsjahre (768–814) Krieg führte? Als Christ! Jetzt wird mir auch die Bedeutung des Karlspreises bewusst. Die Namensgebung sollte eine Brücke von der Vergangenheit in die Zukunft schlagen. Bedeutet dies, es wird wieder Krieg in Europa geben?

Und was ist mit den 4.000 Sachsen, die auf sein Geheiß erschlagen wurden. Wer den Karlspreis annimmt, muss sich nicht wundern, wenn Blut an seinen Händen klebt.

*

Humor ist der untaugliche Versuch, unsere Welt mit einem Lächeln verstehen zu wollen.

*

Der Weg ist das Ziel. Wer das behauptet, hat kein Interesse ans Ziel zu kommen.

*

Menschen ohne Gewissen müssen sich über dessen Verfallsdatum keine Sorgen machen.

*

Im Leben eines Menschen gibt es nur eine Konstante: den Tod. Diese Konstante ist die einzige, die der Mensch nie verstehen oder berechnen kann. Darin zeigt sich die Beschränktheit der Menschheit, ihr Dasein zu verstehen.

*

Das Leben endet stets mit dem Tod. Dabei ist die Natur für ihre Kreativität bekannt. Vielleicht ist der Tod ein Ausdruck der Kreativität in der Natur? Das wäre dann aus Sicht der Menschen makaber und wenig tröstlich.

*

Ich liebe die Lüge. Sie ist das einzige Bindeglied zwischen den Menschen, sich gegenseitig aufrecht in die Augen zu schauen.

*

Es gibt keine Wahrheit, nur die Interpretation der Lüge.

*

Was ist lächerlicher als ein Mensch, der von sich behauptet Millionär zu sein?

*

Ich denke, also bin ich eine Gefahr für andere.

*

Mit Vorurteilen lebt es sich leichter. Sie tauchen die Welt in ein farbenfrohes Schwarz und Weiß.

*

Der Mensch lernt allein durch Schmerz, bis die nachfolgende Generation die gleichen Fehler macht und den Schmerz erneut auskosten darf. Soviel zur Krone der Schöpfung.

*

Um böse zu sein, bedarf es einer Menge Intelligenz. Um gut zu sein, nur Einfalt.

*

Also, wenn die uns umgebende Welt böse ist, dann erklären sich auch meine bösen Gedanken. (Das Sein bestimmt das Bewusstsein. Karl Marx)

*

Ein Follower ist ein Follower ist eine Follower. Im Grunde genommen ist ein Follower ein Trottel, der in der Masse untertaucht, keine eigene Meinung hat, und das tut, was alle tun. Wo bleibt da der vielgepriesene Individualismus?

*

Die neue Form der Unmündigkeit etwas zu „liken“ zeugt noch lange nicht von guten Geschmack.

*

Die Kunst muss erst wieder lernen, sich vom Gedanken an den Konsum zu lösen. Kunst wird von den Menschen nicht konsumiert, sondern empfunden.

*

Arbeit ist die Keimzelle jeder Kultur. Sie machte den Menschen als solches erst möglich. Mit der Arbeit erfuhr das menschliche Leben seinen eigentlichen Sinn, Dinge zu erschaffen. Ohne Arbeit fällt der Mensch in seine niederen Instinkte zurück.

*

Bücher sind die Gedankengebirge uns unbekannter Menschen. Sie zu erklimmen, bereitet immer wieder Genuss.

*

Zyniker steht im Alphabet ganz hinten. Damit wird ihm Unrecht getan. Er sollte Analytiker heißen.

*

Der Tod macht die Angst beim Menschen erst möglich.

*

Höflichkeit ist eine Frage der Erziehung. Dies trifft auf alle guten Eigenschaften zu, die ein Mensch besitzen kann.

*

Ich kann Kinder nicht weinen sehen. Sie stehen für den Schmerz der Welt. Kein Lebewesen auf der Welt geht mit seinem Nachwuchs so brutal um wie die Menschheit.

*

Das Modell der antiautoritären Erziehung setzt voraus, dass die Zielpersonen, also die Kinder, dem auch folgen können und wollen. Sie jedenfalls sind dazu nie gefragt worden. Die Mischung aus autoritärer und antiautoritärer Erziehung erzielt bei Kindern die größte Wirkung. Freiheiten da lassen, wo sie für die Entwicklung der Kinder gut sind. Freiheiten beschneiden, wo sie den Kinder gefährlich werden, denn nicht jede Form der Freiheit ist gut.

*

Ein guter Beobachter kann Menschen nur verstehen, wenn er mit der nötigen Empathie zu Werke geht.

*

Menschen, die andere Menschen nicht verstehen oder verstehen wollen, werden auch nie deren Schmerz und Leid, der ihr eigener sein könnte, durchleben. Daher rühren auch die vielen Grausamkeiten, die Menschen sich gegenseitig antun.

*

Idioten sterben zuerst, vor allem dann, wenn sie Helden sein wollen.

*

Die Pädophilie beförderte die Geburtsstunde des menschlichen Geistes, der Kunst, der Kultur und der Philosophie. Die Welt ist schon verrückt. Oder wie soll man sich dieses Phänomen erklären, bei welchem Kindern unsägliches Leid zugefügt wird?

*

Stell dir vor, jedem Menschen wäre bewusst, er hat nur eine Pflicht im Leben. Eines Tages zu sterben. Wie sähe die Welt dann wohl aus?

*

Die Trauer ist das Selbstmitleid der Überlebenden.

*

Menschen suchen stets nach dem Unterschied. Dem Unterschied, der sie angeblich so anders macht. Schließlich muss der Mensch ja einen Grund für Neid, Hass, Missgunst und Kriege haben.

*

Schöne Fassaden blenden die meisten Menschen. Sie machen bequem und verleiten die Menschen, sich nicht die Mühe zu machen, dahinter zu schauen. Es lebe Potemkin.

*

Humanismus? Hä? Kenn' ich nicht. Hatten wir nicht in der Schule. Oder ist das was zu essen?

*

Wer den Menschen neue, strahlende Welten erschließt, sollte damit rechnen, das nach Sonnenbrillen verlangt wird.

*

Der Mensch glaubt die Welt erkennen zu können. Davon ist er ein großes Stück entfernt. Deshalb: Bescheidenheit tut not!

*

Verdrängung ist etwas Wunderbares. Ohne sie würde es keine Denkmäler geben, die uns an unsere Vergangenheit erinnern. An manchem Ort beweist die Vielzahl solcher Denkmäler die hohe Rate des Vergessens.

*

Die Wahrheit ist unromantisch. Da die Deutschen der Wahrheit seit jeher aus dem Wege gegangen sind, konnte die Romantik auch nur in diesem Land so spektakuläre Erfolge erzielen.

*

Haben Sie ein Privatleben?
Ja.
Sie Witzbold.

*

Es gibt keine Armut, keine hungernden Kinder, keine verzweifelten Mütter, keine Kranken ohne medizinische Versorgung, keine Seuchen und Opfer von Kriegen und Naturkatastrophen. Gut, zu Weihnachten treten diese Erscheinungen plötzlich und unerwartet wie der Stern von Bethlehem auf. Nach Weihnachten verschwinden diese Erscheinungen wie eine Fata Morgana und kommen erst nach zwölf Monaten wieder zum Vorschein. Und dann kommen sie alle, die selbstberufenen Mitleidsapostel, die das jährlich wiederkehrende Spektakel um das Elend herum inszenieren und Spenden sammeln, damit die Not gelindert, aber nicht beseitigt wird. Man will ja im kommenden Jahr wieder Gutes tun.

*

Klimawandel? Wie betrüblich für uns Menschen. Leider lässt sich die Natur nichts vorschreiben. Und erpressbar ist sie auch nicht. Da helfen die besten Atombomben nichts.

*

Menschen sind Glückssucher. Dabei gehen sie oft über Leichen. Wie schön wäre es, wenn uns das Glück verfolgte.

*

Sie machen Fehler? Ich auch! Deswegen kann ich Ihnen Ihre Fehler verzeihen.

*

Denken ist oft mit den Schmerzen der Erkenntnis verbunden. Und nicht jeder Schmerz verursacht Leiden.

*

Der Wert des Geldes besteht in der Einbildungskraft des Menschen.

Geld ist etwas vollkommen Unnützes. Dies gilt nur, wenn Sie sich eine Welt ohne Geld vorstellen können.

*

Schwache Menschen vergreifen sich an noch Schwächeren. Mit den Starken zu raufen, fehlt ihnen der Mut.

*

Die Verlogenheit der Welt spiegelt sich in ihrer Wahrheit wider.

*

Krieg

Führt die Menschheit seit Jahrtausenden Krieg, weil sie sich dem Anderen, dem Fremden, dem Unbekannten mit einem Lächeln zu begegnen sich schämt? Die Schöpfung jedenfalls kennt den Begriff Krieg nicht.

*

Tiere sind intelligenter als Menschen. Sie sind nicht auf die Idee gekommen, die Atombombe zu bauen. Sie wissen ganz genau, sie brauchen keine Waffen. Und wenn sie sich gegenseitig auffressen, dann allein aus dem Trieb der eigenen Erhaltung.

*

„Ich bin von einer lähmenden Gleichgültigkeit gegenüber unseren Offizieren. Zuviel Körper und zu wenig Hirn."

Thomas Edward Lawrence

*

Kriege legen die charakterliche Unzulänglichkeit der Menschheit offen, ihre Probleme verbal zu lösen.

*

Die Erfindung der Kanone! Welche Genialität steckt dahinter. Und erst ihr Nutzen.

*

Was gibt es Schöneres für uns Menschen, als unseren Artgenossen beim Sterben zuzusehen? Darin liegt die Faszination des menschlichen Lebens und der Erfindung des Krieges.

*

Heldenverehrung ist der Humus für neue Kriege.

*

Geschichte ist eine unablässige Folge von Wiederholungen. Man muss nur lange genug warten. Dies gilt übrigens auch für Kriege.

*

Bundesschatzbriefe sind die Kriegsanleihen der Zukunft.

*

Wollen Sie mal einen Menschen töten? Ohne dafür von der Gesellschaft verurteilt zu werden? An wen könnten Sie sich da wenden? Lesen Sie bei Tucholsky nach.

*

Auf der ganzen Welt sind Armeen nur dazu da, ihr Land zu verteidigen. Also werden wir nie wieder Krieg haben.

*

Kriege werden heute in Europa auf den Schlagerbühnen ausgefochten. Wie peinlich die Auftritte. Aber immer noch besser als wenn Blut fließt. Singt weiter!

*

Kriegerdenkmäler. Allein der Name sagt, aus welchem unguten Geist sie entsprungen sind. Sie ehren nicht die Toten, die in den Kriegen gefallen sind, die nicht ihre Kriege waren. Martialische Kriegergestalten, Schwerter, Gewehre, Stahlhelme und andere Devotionalien zieren den kalten Stein.

*

Kommerz

Der Rabatt im Handel macht den Betrug offensichtlich.

*

Die Verlockungen des Konsums schalten die Vernunft aus.

*

Die freiwillige Selbstverpflichtung der Wirtschaft. Das ist so, als ob ein Massenmörder öffentlich bekannt gibt, dass er nicht mehr töten wird. Aber auch nicht weniger.

*

Die Werbung stellt den Menschen als dumm und unmündig dar. Dies können wir der Werbung nicht vorhalten. Die Menschen wollen für dumm und unmündig erklärt werden.

*

Google ist zurzeit die wertvollste Marke der Welt. Und ich dachte, das sei der Mensch.

*

Rosa und Lila sind die einzigen Farben, die keinen Charakter tragen. Deswegen sind sie auch der Liebling der Spielwarenindustrie. Nun soll aber keiner behaupten, die Spielwarenindustrie würde den Charakter unserer Kinder negativ beeinflussen. Schließlich ist Barbie der unschuldigen Fantasie eines Kindes entsprungen. Oder haben Sie da andere Informationen?

*

Die Regale quellen über mit Tiernahrung. Zur gleichen Zeit sterben die Kinder in der Dritten Welt an Hunger und dessen Folgen.

*

Kriege haben hunderte Millionen Menschen getötet. Der Konsum tötet die ganze Menschheit. Also: Kauft! Kauft! Kauft!

*

Verschiedenes

Der Kardinalfehler des deutschen Bildungssystem, es wird von Beamten und Politikern und nicht von Pädagogen geführt.

*

Der Teufel ist der einzige, der auf der Welt rational denkt. Deswegen wird er seit alters her ausgetrieben. Wir müssen uns seiner Sache annehmen.

*

Wir sollten die Welt vom Kopf auf die Füße stellen. Aber wie macht man das bei einer Kugel?

*

Die wenigsten Placebos gibt es in der Medizin.

*

„Kein Talar berechtigt zu Umgangsformen, die einfach eine Ungezogenheit sind und eine Nichtachtung derer, die durch ihren Lohnabzug zum Gehalt der beamteten Juristen beitragen."

Kurt Tucholsky

*

Bravo! Der Mann war ein Genie! Noch vor der Geburt von Barbara Salesch und Alexander Hold fasste er deren Leben in einem Satz zusammen.

*

Der Rechtsstaat basiert auf der Liquidität des Klägers.

*

„Wir erwarten von unseren deutschen Richtern mehr, anderes, Großes." Kurt Tucholsky.

Kurt muss aber auch immer das letzte Wort haben.

*

Der Kriminalroman. Das ewige Spiel von Hase und Igel. Wie langweilig ist das denn?

*

Heinrich Heine, der Betriebsunfall der deutschen Literaturgeschichte. Er webte Deutschland sein Leichentuch. Da hörte der Spaß aber auf.

*

Ich glaube an den Weihnachtsmann. Leider glaubt es nicht an mich.

FSC
www.fsc.org
MIX
Papier | Fördert gute Waldnutzung
FSC® C083411

Zeitfracht Medien GmbH
Ferdinand-Jühlke-Straße 7
99095 Erfurt, Deutschland
produktsicherheit@kolibri360.de

Druck:
CPI Druckdienstleistungen GmbH
im Auftrag der
Zeitfracht Medien GmbH
Ein Unternehmen der Zeitfracht - Gruppe
Ferdinand-Jühlke-Str. 7
99095 Erfurt